Alte Salzburger Bauernhöfe

Winfrid Jerney

Alte Salzburger
Bauern-
höfe

STEIGER VERLAG

Abbildung am Schutzumschlag:
Bergbauernhof im Hochtal von Dienten vor dem Hochkönig-Massiv (2.941 m).

Alle Aufnahmen vom Verfasser

CIP-Kurztitelaufnahme der Deutschen Bibliothek
Jerney, Winfrid: Alte Salzburger Bauernhöfe / Winfrid Jerney. –
Berwang/Tirol: Steiger, 1987.
ISBN 3–85423–048–6

Auflage 1987
© by Steiger Verlag, A–6622 Berwang/Tirol.
Satz: FotoSatz Pfeifer, Germering
Druck: Wiener Verlag, Himberg
Printed in Austria

INHALT

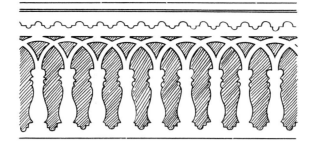

Beispiele für die feinsinnige und verspielte Ornamentik an Balkenbrettern (Lungau).

LITERATUR

Conrad, K., Führer durch das Salzburger Freilichtmuseum. Hrsg.: Direktion des Salzburger Freilichtmuseums. Salzburg 1984.

Gebhard, T., Der Bauernhof in Bayern. München 1975.

Habers, G., Das Holzbaubuch. München 1938.

Österreichischer Ingenieur- und Architektenverein (Hrsg.), Das Bauernhaus. Wien 1906.

Pohler, A., Alte Tiroler Bauernhöfe. Innsbruck 1984.

Pöttler, V. H., Alte Volksarchitektur. Graz, Wien, Köln 1975.

Pöttler, V. H., Österreichisches Freilichtmuseum. Stübing 1978.

Schaup-Weinberg, W., Kulturwertekatalog der Gemeinden des Landes Salzburg. Mustererhebung Seekirchen am Wallersee. Hrsg.: Salzburger Institut für Raumforschung. Salzburg 1981.

Schier, B., Hauslandschaften und Kulturbewegungen im östlichen Mitteleuropa. Göttingen 1966.

Seefeldner, E., Salzburg und seine Landschaften. Eine geographische Landeskunde. Salzburg, Stuttgart 1961.

Widmann, H., Geschichte Salzburgs. Band 1 und 2. Gotha 1907.

VORWORT

Die Schönheiten des Landes Salzburg schätzen nicht nur seine Bewohner; Salzburg genießt internationale Berühmtheit. Viele mögen hierbei zunächst an die Landeshauptstadt denken, das Zentrum von Kultur und Musik, und auch an die vielfältige Landschaft, die vom sanft gewellten Flachgau bis hinein ins Hochgebirge der Tauern reicht. Kunst und Kultur sind jedoch durchaus nicht auf die Stadt Salzburg beschränkt: Über das ganze Land verstreut sind neben malerischen Dörfern, Kirchen, Burgen und anderen Sehenswürdigkeiten die alten Bauernhöfe, Zeugnisse einer hochstehenden und noch heute lebendigen Volkskunst. Auch wenn in den Verdichtungsgebieten die alten Höfe inzwischen größtenteils verschwunden sind, so findet man heute doch noch einige, vor allem in abgelegenen Tälern oder als Bergbauernhöfe.

Der Strukturwandel der Landwirtschaft in den letzten Jahrzehnten hat dazu geführt, daß immer weniger der Bergbauernhöfe noch rentabel bewirtschaftet werden können; viele verfallen, werden abgerissen oder umgebaut, denn die Erhaltung der alten Häuser verlangt meist einen hohen Aufwand und erscheint oft auf den ersten Blick mit den Anforderungen einer modernen Betriebsführung nur schwer vereinbar.

Von behördlicher Seite werden im Bereich der Denkmalpflege, des Landschaftsschutzes und der regionalen Planungen in den letzten Jahren bereits Anstrengungen unternommen, Kulturwerte im bäuerlichen Bereich zu erhalten. Auch dieser Bildband möchte hierzu einen Beitrag leisten. Dieser besteht in dem Versuch, ein breiteres Publikum für die Qualitäten alten bäuerlichen Bauens zu sensibilisieren. Diese Qualitäten liegen in einer über Jahrhunderte hin entwickelten und ausgereiften Technik im Holzblockbau, in der für das Land Salzburg charakteristischen und feinsinnigen Verspieltheit in den Dekors sowie in dem sicheren »Gespür« der Bauern für das Einbinden ihres Hofes in die Landschaft.

In diesem Anliegen setzt das vorliegende Buch den Bildband »Alte Tiroler Bauernhöfe« fort, der 1984 im selben Verlag erschienen ist. Der Band Salzburg stellt im Bildteil rund 130 alte Höfe vor und zeigt hierbei einige der wichtigsten und schönsten Höfe des Landes Salzburg, ohne jedoch Anspruch auf Vollständigkeit zu erheben – was in diesem Rahmen auch kaum möglich wäre. Er will keine dokumentarische Erfassung aller alten Höfe sein. Der begleitende Textteil geht auf die Hauslandschaften der verschiedenen Gaue, die charakteristischen Bauformen und Konstruktionsmerkmale ein. Da im Land

Salzburg der Holzblockbau gebräuchlich ist, beschreibt ein kurzer Abriß (siehe Seite 15) seine wesentlichen Prinzipien. Die im Textteil kursiv gedruckten Fachausdrücke werden in einem Glossar (Seite 18) erklärt. Skizzen von einzelnen typischen Architekturmerkmalen illustrieren die Fachbegriffe; hierbei wurde auf solche Zeichnungen verzichtet, die bereits in den Bänden I und II »Alte Tiroler Bauernhöfe« enthalten sind.

Vielleicht erreicht dieses Buch, wie auch die anderen Bände der Reihe »Alte Bauernhöfe«, daß man Anregungen beim Umbauen und Renovieren aufgreift, daß man sich an alte Handwerkstechniken wieder erinnert und ein Gefühl für guten Holzbau entwickelt, so daß unpassende Elemente am Haus, fehlerhafte Proportionen, falsche Materialien usw., vermieden werden können. Gewiß wird man bei einem Umbau Kompromisse eingehen müssen, was die heutigen Bewirtschaftungs- und Wohnfunktionen angeht, da diese andere sind als früher. Dies betrifft besonders die Grundrißzuschnitte und Raumhöhen im Inneren des Gebäudes, die Belichtungsverhältnisse und die Energieeinrichtungen. Dagegen können die Elemente der »Außenhaut«, die Fassade, der Balkon und das Dach, ohne funktionelle Nachteile weitgehend die ästhetisch ansprechenden Wesenszüge des traditionellen Bauens bewahren.

Große Probleme bei der Erhaltung sehr alter und in ihrer Substanz noch ursprünglicher Höfe entstehen dann, wenn sie seit längerem nicht mehr bewirtschaftet wurden und teilweise verfallen sind. Ein solcher Hof ist als Kulturgut nur noch zu retten, wenn er in einem Freilichtmuseum neu aufgestellt wird. Er ist dann zwar aus seiner ursprünglichen Umgebung herausgerissen, gewinnt aber durch eine fachkundige und bis ins kleinste Detail gehende Restaurierung, die erhebliche Mittel erfordert, für die Öffentlichkeit an Bedeutung. Eine gute Alternative in solchen Fällen ist auch der Museumshof einer Gemeinde, der heimatkundliche Aufgaben erfüllt und meist auch mit alten Handwerksgeräten ausgestattet ist, die aus der Gegend zusammengetragen wurden.

In solchen Museumshöfen und – so bleibt zu wünschen – auch in vielen weiterhin bewirtschafteten alten Höfen, können Zeugnisse der alten und hochstehenden Volkskultur des Landes Salzburg erhalten werden.

Winfrid Jerney, September 1987

*

BAUERNHÖFE IN DER BESIEDLUNGSGESCHICHTE DES LANDES SALZBURG

Von einzelnen frühen menschlichen Siedlungen abgesehen, entwickelte sich erst etwa vom 6. Jahrhundert an, nach dem Vordringen der Bajuwaren im Voralpenland und später im alpinen Raum, in den weiten Tälern von Pongau und Pinzgau, eine bäuerliche Kultur; von Süden und Osten her kamen rätoromanische und slawische Einflüsse in den Lungau.

Die ältesten heute noch erhaltenen und bisweilen noch bewohnten Bauernhöfe reichen bis ins 13. Jahrhundert zurück. In diesem Zeitraum des Hochmittelalters und bis hinein ins 15. Jahrhundert entstanden durch die Initiative adeliger und geistlicher Grundherrschaften zahlreiche Bauerngüter. Umfangreiche Rodungen führten zuerst zu ganzjährig bewirtschafteten Gütern, den sogenannten *Schwaigen*, auf den sonnseitigen Hanglagen in den Haupttälern. Ihre Aufgabe war Viehhaltung und Käseerzeugung. Erst im 14. Jahrhundert drang man auf die weniger günstigen Lagen vor, wie die hochgelegenen Hangleisten oder die Schattseiten. Viele Höfe gehen auf diese Zeit zurück. Ihre Namen, die als Wortzusammensetzungen mit -reit, -roid, -brand, -schwand, -seng, -öd, -mais, -lehen, -gut, -egg gebildet sind, weisen darauf hin, daß sie in dieser Rodungsphase entstanden sind. Sie waren Einödhöfe, die von Wäldern umschlossen waren. Auch entstanden damals die zahlreichen Höfe der Streusiedlungsgebiete auf den Mittelgebirgsterrassen des Pongaus und an den Südhängen der Niederen Tauern im Lungau. In die Nebentäler der Salzach drang ebenfalls die Besiedlung vor. Schließlich führte die spätmittelalterliche Siedlungserweiterung zu einem Vorrücken der Bauernhöfe bis zur klimatisch bedingten Grenze des Roggenanbaus. Im 15. Jahrhundert war bereits die heutige bäuerliche Siedlungsgrenze erreicht. Bereits damals wies das Landschaftsbild den uns heute bekannten Charakter eines bäuerlichen Kulturlandes auf.

Die Teilung größerer Bauerngüter führte zur Entstehung der zahlreichen, aus zwei Höfen bestehenden Doppelhöfe. Namen wie Ober-, Unter-, Vorder-, Hintergut weisen darauf hin. Eine viel schwerwiegendere Besitzzersplitterung führte in der zweiten Hälfte des 19. Jahrhunderts zur Entstehung kleiner Anwesen, sogenannter *Keuschen*. Ihre Besitzer mußten ihr Auskommen als Handwerker oder Arbeiter im Nebenerwerb finden. In diesem Zeitraum begann auch eine Landflucht, die zur Aufgabe oder Umwandlung von hochgelegenen Bauerngütern in eine Voralm oder ein Zulehen führte. Deshalb findet man gelegentlich Waldalmen, die an ihrer Bauweise erkennen lassen, daß sie seinerzeit Bauernhöfe waren.

Trotz Förderungsmaßnahmen von behördlicher Seite in der Zeit nach 1945 läßt sich ein Niedergang der bäuerlichen Baukultur nicht leugnen. Viele Höfe können in ihrer alten Bausubstanz nicht mehr erhalten werden. Ständig notwendige Instandsetzungen sind vom Holzmaterial und von den Arbeitsstunden her sehr teuer, für die meisten Familien nicht mehr durchführbar. Mit billigen Baumaterialien wie Eternit, Blech, Beton, Fertigbalkonen, Normfenstern wird die alte Bausubstanz verändert, und die traditionelle Holzarchitektur mit ihren kunstvollen handgefertigten Details verschwindet zusehends.

Man kann nur hoffen, daß in einer Art »Wiederbelebung« der alten Volkskunst die alten Bautechniken wieder in ihrem Wert erkannt und weiterhin verwendet werden. Tendenzen, die ästhetische Qualität der alten Höfe wieder allgemein bewußt zu machen, sind bereits vorhanden.

ALLGEMEINES ZU DEN HAUSLANDSCHAFTEN SALZBURGS

Neben den historischen Bauten in den Städten und den mittelalterlichen Burganlagen, sind die noch erhaltenen Bauernhöfe die ältesten Zeugnisse des Bauens, Wohnens und Wirtschaftens, auch außerhalb der Städte und Märkte.

Die Topographie des Geländes spielte eine wesentliche Rolle für den Ort, die Form der Besiedlung, den Typ der *Hauslandschaft*, und schließlich auch für die Bautechniken. Bis zum Mittelalter war das gesamte Land Salzburg fast völlig mit Wald bedeckt, bis zur natürlichen Baumgrenze im Hochgebirge. So bestimmte die Suche nach günstigen Geländebedingungen die Wahl des Siedlungsortes. Solche waren eine zufällige Waldlichtung, eine gute Zugänglichkeit, eine sonnige Geländeexposition, eine hochwasser- und wettergeschützte Lage. Besonders geeignet waren deshalb Kuppen, Höhenrücken, die Südterrassen eines Berghanges. Die Menschen bauten vorzugsweise an solchen Orten. Sie stellten ihre Gebäude meist giebelseitig zum Tal.

Die Grundeinteilung der ältesten Höfe, die sich über Jahrhunderte hin im *Einhof* erhalten hat, entwickelte sich aus dem germanischen Einhaus. Das Haus weist eine Längsachse auf; vorne liegen der Eingang und das *Vorhaus* (Flur), von dem aus seitlich Stube, Küche, Kammer, Speicher zu erreichen sind. Im hinteren Bereich liegen der Stall und die Bergeräume für das Futter. Solche Hausformen sind charakteristisch für die bäuerlichen Anwesen im Alpenvorland. Diese von der Hausforschung als bayerisch bezeichnete Bauweise, drang im Land Salzburg vom Flachgau bis in den unteren Pinzgau und ins Saalfeldener Becken vor.

Im inneralpinen Raum ist der Stall vom Wohngebäude baulich getrennt. Denn der geringe Platz im steilen Gelände erlaubt nur eine kürzere Längsachse, so daß der Stall entweder parallel zur Firstlinie des Wohngebäudes oder ungeordnet dazu ausgerichtet werden muß. Diesen Haustyp bezeichnet man als *Paarhof*, bzw. bei mehreren Gebäuden als *Gruppenhof*. Der Paarhof als spezielle Form des Gruppenhofes hat sich im Pongau entlang der Salzach und Enns vervollkommnet.

Weitere Varianten von Hofform und Bautechnik sind durch die Überlieferung keltoromanischen Kulturgutes und durch das Vordringen der Slawen über die Steiermark bis in den Lungau entstanden und dort noch heute erhalten.

Neben dem Einhof und Gruppenhof gibt es im Land Salzburg noch den außeralpinen *Dreiseit-*, und seltener den *Vierseithof*. Er kommt nur noch im Lamprechtshausener Dreieck im Flachgau vor, und gehört zum Formenkreis der Vierseithöfe des Rott- und Inntales. Heute sind die wenigen derartigen Höfe intensive landwirtschaftliche Betriebe, die durch Zubauten von Wohn- oder Wirtschaftsgebäuden in jüngster Zeit den ursprünglichen geschlossenen Hofcharakter verloren haben.

Beispiele für die schmückenden Brettdekors am Fenster (Pinzgau).

Der Pinzgau und seine Hofformen

Im Pinzgau kommt die Hochgebirgsnatur in ähnlicher Weise zur Entfaltung wie in Tirol, denn die Nordabdachungen der Großglockner- und Venedigergruppe umfassen die höchsten und am stärksten vergletscherten Teile der Hohen Tauern. Ein anderes wildes und herbes Landschaftsbild erzeugt das Hochgebirge im Norden des Pinzgaues: in den Loferer und Leoganger Steinbergen und im Steinernen Meer. Das Herz des Gaues wird durch die Schieferberge bestimmt, die gegen Westen an Höhe zunehmen und dort durch ihre scharfen Felsformationen beeindrucken.

Hinsichtlich seiner Siedlungsschwerpunkte gliedert sich der Gau in zwei große Einheiten: das Salzachlängstal und die Quersenke des Mitterpinzgaues. Das Salzachlängstal mit seinem Mittelpunkt Zell am See gliedert sich in den Oberpinzgau, der im Westen bis nach Krimml reicht, und in den wesentlich schmäleren Unterpinzgau im Osten, bis zur Taxenbacher Enge. Entsprechend dem großen Anteil des Hochgebirges an der Landschaft ist die landwirtschaftlich nutzbare Fläche gering. Nur im Tennengau ist sie noch kleiner. Die seit altersher beliebten Orte für die bäuerlichen Ansiedlungen sind daher nur auf die günstigen Sonnenlagen der Südhänge beschränkt, wo Graslandnutzung und Viehwirtschaft gut möglich sind. Auffallend ist auch die Häufung noch gut erhaltener, ehrwürdiger Bauernhöfe an wichtigen Übergängen wie an der alten Gerlospaßstraße oder unterhalb des Paß Thurn am Sonnberg.

Als Hoftyp kommt im Pinzgau sowohl der *Paarhof* vor, der sich besonders bei größerem Besitz in mehrere Gebäude auflöst und zum *Gruppenhof* wird, als auch der *Einhof*. Im Saalachtal überwiegt der Einhof, im Saalfeldener Becken der Mitterpinzgauer Einhof. Der letztere weist einen längsrechteckigen Grundriß auf und ist einschließlich des Stallteils als *Blockbau* errichtet. Entwicklungsgeschichtlich handelt es sich um einen Streckhof, der mit den oberbayerischen Einhöfen verwandt ist. Das Erdgeschoß hat einen Mittelflurgrundriß, bei dem das Wohnhaus in eine meist gemauerte Küche und ein noch im Blockbau erhaltene Stube geteilt ist.

Häufig ist noch das alte Deckengewölbe im Flur und in der Küche vorhanden. In den Viertel- oder Halbtonnengewölben klingen Verbindungen zu den tirolerischen Traditionen an. Die Giebelseite zeigt stets einen Balkon über der ganzen Hausbreite, und einen weiteren, »Gang« genannten, unmittelbar unter dem Giebel. Das Obergeschoß ist blockgezimmert, ebenso der über dem Stall liegende Bergeraum.

An den Hängen des Ober- und Unterpinzgaues wird die Hauslandschaft durchwegs durch den alpinen *Gruppenhof* oder den *Paarhof* geprägt. Wie im Pongau, besteht er aus einem Wohn- und Speicherhaus mit *Glockentürmchen* und einem unmittelbar benachbarten Stall-Futter-Haus. Hinzu kommen zweigeschoßige *Getreidekasten* in Blockbauweise, Pferde- und Ziegenstallungen, *Brechelbäder*, Backöfen und Hauskapellen. In den umliegenden Wiesen sind Futterställe in steiler Hanglage aufgestellt, um den Heuvorrat an Ort und Stelle entsprechend dem jahreszeitlichen Almtrieb zu verfüttern. In den Tallagen prägen die zahlreichen Heustadel das Bild, die meist als luftiger Rundholzbau mit *überkämmten* Eckverbindungen errichtet sind. Dies ist eine Urform des Blockbaus, bei dem das Wandgefüge nicht geschlossen wird, um eine gute Durchlüftung des Heus zu gewährleisten.

Der Pongau und seine Hofformen

Der Pongau ist ein abgeschlossener Landschaftsraum. Mit den benachbarten Gauen ist er nur durch wenige Durchgangswege verbunden. In seinem Süden führte bis vor wenigen Jahren nur die historische Verbindung von Radstadt über die Tauern in den Lungau, und weiter nach Kärnten und Italien. Heute hat diese alte Paßstraße durch die Tauernautobahn ihre Bedeutung verloren. Die Nordgrenze des Pongaus bildet die fast geschlossene Mauer der Kalkalpen mit ihren weiten Karsthochflächen. Im Westen begrenzen die waldreichen Schieferberge und die Taxenbacher Enge den Pongau. Bis hierher reichte der Einfluß der Slawen, deren Spuren heute noch in den Hausformen zu erkennen sind. Daraus erklärt sich manche Verwandtschaft der Pongauer Höfearchitektur mit der des Landes Steiermark. Der für die Hauslandschaften wichtigste Kernraum des Pongaus ist das Salzachtal mit seinen Seitentälern. Denn hier kreuzen sich die großen Verbindungswege von Tirol durch den Pinzgau in die Steiermark und von Salzburg nach Kärnten und Italien. Diese politische und wirtschaftliche Bedeutung läßt sich auch an der Häufung der Siedlungen und Gehöfte ablesen.

Bereits im Mittelalter war der Pongau Streusiedlungsgebiet. Entsprechend seiner inneralpinen Lage ist die ursprüngliche Hauslandschaft durch den Gruppenhof geprägt. Die Wohn- und Wirtschaftsgebäude sind voneinander baulich getrennt und regellos, je nach Geländeverlauf, zueinander gruppiert. Neben den Großbauten, dem Wohn-Speicher-Haus und dem Stall-Futter-Haus treten der Schafstall, der *Getreidekasten*, das *Brechelbad,* in den Hintergrund. Wo das Gebäude es zuließ, wurden die beiden Großbauten firstparallel mit dem Giebel zum Tal gestellt. Das Wohnhaus ist meist traufseitig über einen Mittelflur aufgeschlossen. Die heizbare Stube und die Küche liegen mit dem Blick zur Talseite hin, die Kammer und Speicherräume dagegen bergseitig. Weitere Kammern befinden sich im Obergeschoß, von dessen Flur man auch auf den *Laubengang* kommt. Dieser liegt geschützt unter dem Vordach des flachgeneigten *Legschindeldaches*. Über den Balkon, der hier »Zimmergang« heißt, erreicht man das Futterhaus mit dem darunter liegenden Stall. Die ehemals stets im Blockhaus gezimmerten Gehöfte zeigen in jüngerer Zeit Vermauerungen im Erdgeschoß der Hauptgebäude.

Der Lungau und seine Hofformen

Der Lungau ist der einzige Gau im Land Salzburg, der der Ostabdachung der Alpen angehört. Von seiner Lage und seiner Besiedlungsdichte her gehört er zu Innerösterreich. Seine Zugehörigkeit zu Salzburg ist nur durch den weitreichenden Einfluß der Salzburger Erzbischöfe und ihrer Siedlungspolitik bedingt. Im Süden, Westen und Norden wird der Lungau von hohen Gebirgen fest umschlossen. Nur im Osten öffnet er sich über das teilweise enge Murtal und tritt mit der Steiermark in Verbindung. Über diesen Weg drangen vor rund 1000 Jahren die Slawen vor. Die Radstädter und Schladminger Tauern waren ihre Grenze. An die slawische Besiedlung des oberen Murtales erinnern noch heute zahlreiche Orts- und Bergnamen sowie die Hausformen und Flurverteilungen. Der Lungau liegt abseits des Verkehrsstroms, der heute über die Tauernautobahn läuft, und hat daher noch viel von seiner Ursprünglichkeit und relativen Unberührtheit bewahrt. Dies drückt sich nicht zuletzt in den noch zahlreichen gut erhaltenen Bauernhöfen aus, besonders in den Weilern zwischen Mauterndorf und Tamsweg. Hier stehen auf den Sonnenterrassen und am Ausgang der aus den Schladminger Tauern tretenden Seitentäler seit altersher schö-

ne Streusiedlungen und Einzelhöfe. Die Landwirtschaft hat hier stärker als in anderen Gauen ihre dominierende Stellung bewahren können. Langsam wird auch hier der Fremdenverkehr zur wichtigen Erwerbsquelle.

Was die Hauslandschaft anbelangt, so findet man hier meist alpine Gruppenhöfe, seltener Einhöfe. Das auffälligste Kennzeichen des Lungauer Bauernhauses ist die *Abwalmung* des steilen und hohen Daches, die man *Schopf* nennt. Charakteristisch ist auch die mit einem breiten Ladenmantel geschützte obere Giebelfassade. Dahinter verbirgt sich, abweichend von den Dachgefügen des nördlichen Alpenhauptkammes, ein breites *Scherbalkendach*. Hierbei sind die Dachbalken scherenartig überkreuzt, auf den Außenwänden aufgekämmt und bei großen Spannweiten von einem Stuhl gestützt. Früher – und zum Teil heute noch – wurden die Dächer, besonders die der Nebengebäude, mit langen geklobenen Bretterschindeln eingedeckt. Anstelle der Balkone hatte man freistehende Trockengerüste, die als »Bohnsäulen« mit den Kärntner und Osttiroler Harpfen verwandt sind. Sie dienten dem Trocknen der Bohnen und sind heute selten geworden. Typisches Stilmerkmal ist ferner die stets an der hinteren Giebelseite liegende Auffahrt über eine Brücke in die Hochtenne, die durch ein weit heruntergezogenes Dach überdeckt wird. Eigentümlich und als architektonische Besonderheit erscheinen die hohen gemauerten Getreidekästen etwas abseits des Wohnhauses. Sie sind mit schwarzweißen oder bunten Ornamentbändern in Freskotechnik bemalt. Sie sind Zeugnisse hoher Volkskunst und gehen auf die Epochen der Hochrenaissance und des Barock zurück. Manche Getreidekästen sind, ebenso wie das Brechelbad und andere Nebengebäude, aus Kantholz gezimmert und weisen besonders sorgsam ausgeführte Eckverbindungen im doppelten Schwalbenschwanz auf. Manchmal sieht man noch alte Holzdachrinnen mit einem gekerbten Traufbart.

Der Tennengau und seine Hofformen

Der Tennengau reicht vom südlichen Salzburger Becken, entlang der Salzach, bis zum Paß Lueg und schwenkt hier nach Osten ab, in die Täler der Lammer und ihrer Zuflüsse. Im Südwesten steht der unüberwindbare Kalkstock des Tennengebirges. Im Osten tragen Gosaukamm und Gamsfeld die Grenze gegen das oberösterreichische Salzkammergut. Innerhalb dieser natürlichen Grenzen haben sich im nördlichen und im südlichen Tennengau zwei unterschiedliche Hauslandschaften herausgebildet.

In der Weitung des Salzachtales bei Hallein mit den benachbarten Bergen, nördlich des Lammertals, ist eine Sonderform des Einhofes vorherrschend, die den Hanglagen des Berglandes angepaßt ist. Anstelle der Flachgauer Niedertenne entstand hier eine Hochtenne, die von der Bergseite über eine Tennbrücke zugänglich ist. Auf diese Weise ist der Stall nicht mehr vom Wohnteil getrennt, sondern mit ihm unmittelbar verbunden. Über dem Stallteil liegt der Heuboden. Ursprünglich hatte der Wohnteil nur eine Tiefe, die einem Raum entsprach, und er war durch den Mittelflur aufgeschlossen. Der Flur war ehemals der Zentralraum mit dem Herd. Das Obergeschoß enthält beiderseits des Söllers die Schlafkammern und die Speicher. Durch eine Türe ist dieser Teil mit der Tenne verbunden. Während das Obergeschoß meist gezimmert ist, wurden das Erdgeschoß und der Stallteil gemauert. Auffallend sind oft prächtige Tür- und Fensterstöcke aus ortsständigem Marmor. Eine Vergrößerung des Hauses durch Angliederung neuer Räume erfolgt bei diesem einraumtiefen Wohnteil nie in der Firstrichtung, sondern quer zum First. Auf diese Weise entstehen Breitgiebelhäuser. Von diesem Haustyp sind nur noch sehr wenige Anwesen erhalten, denn durch den Einfluß des Ballungsraumes Salzburg wurden im nördlichen Tennengau fast alle alten Höfe abgerissen oder umgebaut.

Im südlichen Tennengau und im Lammertal wird die Hauslandschaft durch den Paarhof geprägt, der in seiner Art dem Pongauer Paarhof verwandt ist. Allerdings fehlt die im Pongau anzutreffende Verbindung zwischen Wohn- und Futterhaus. Besonders gut erhaltene Höfe findet man im oberen Lammertal und Neubachtal bei Lungötz und im Astauwinkel bei Annaberg. Auffallend sind hier die Nebengebäude wie Bienenhaus, Wagenhütte und *Getreidekasten*, die oft inmitten eines Obstgartens stehen. Der Hofbereich wird gegen die Viehweiden hin gerne durch die alten *Pilotenzäune* geschützt, bei denen waagrechte Stangen zwischen zwei durch Holznägel oder Zaunringe verbundene senkrechte Stecken eingelegt werden. Einen dichten und festen Schutz bildet auch der *Girschtenzaun*, der allerdings mit viel Geschick und Sorgfalt gebaut, und jedes Jahr nach dem Frost wieder eingerichtet werden muß.

Der Flachgau und seine Hofformen

Die Besitzergreifung des Alpenvorlandes durch die Bajuwaren erfolgte in mehreren Etappen. Rings um den Wallersee entstand der erste größere Siedlungshorst. Der Grund hierfür war die alte Römerstraße von Juvavum (Salzburg) nach Ovilava (Wels), die östlich des Wallersees über Straßenwalchen verlief. Ferner gehörten die trockenen Terrassen der Nacheiszeit, die aus dem Überschwemmungsgebiet der Salzach unterhalb Salzburgs herausragen, zum ältesten bayerischen Siedlungsgebiet. Diese frühen Sippensiedlungen entstanden vom 6. bis ins 8. Jahrhundert. Im 9. und 10. Jahrhundert traten zu diesen Weilern und Haufendörfern mit unregelmäßiger Anlage, die ersten Kirchensiedlungen. Hierbei wurde die Kirche, wie bei den heidnischen Kultstätten üblich, auf eine Geländeerhöhung gebaut, z. B. in Anthering, Eching, Lamprechtshausen, Dorfbeuren, Eugendorf, Seekirchen, Straßwalchen. In einer dritten Siedlungswelle im 11. und 12. Jahrhundert wurden planmäßig Weiler angelegt und große Rodungen durchgeführt.

Das Siedlungsbild des Salzburger Voralpenlandes war immer schon durch das Vorherrschen von Kleinsiedlungen bestimmt. Gleichgültig, ob es sich um einen Weiler oder einen Einzelhof handelt, immer wird eine Lage mit Aussicht auf den Moränenhügeln bevorzugt, und das Gebäude wird meist mit seiner Vorderseite gegen Osten oder Süden gestellt.

Die älteste Hofform ist der bayerische *Einhof*, in seiner ursprünglichen Form ein zweigeschoßiger Mehrzweckbau. Er zeigt quer zur Firstrichtung eine Dreiteilung in Wohn-, Tennen- und Stallteil. Die Lage der durchfahrbaren Niedertenne in der Mitte zwischen Wohn- und Stallbereich rechtfertigt auch die Bezeichnung *Mittertenn-Einhof*. Der giebelseitig liegende Wohnteil weist einen Mittelflur auf, bei dem Stube und Küche auf der einen, Stübl und *Gadem* auf der anderen Seite liegen. Der Flur trägt auch die alte Bezeichnung »Haus«. Im Obergeschoß befinden sich beiderseits des *Söllers* die Schlafkammern und die von der Tenne aus zu beschickenden Bergeräume, *Dillen* genannt. Ursprünglich waren die Wände des Wohnteiles zur Gänze im *Holzblockbau* ausgeführt, der Stallteil dagegen im *Ständerbau*. Das alte, aus der bayerischen Tradition kommende Einhaus mit langgestrecktem Baukörper blieb größtenteils nur bis zum Ende der Barockzeit erhalten. Aufgrund erzbischöflicher Bauordnungen wurde dann bei Um- und Neubauten ein

Mauerteil in den Blockbau eingeschoben, um die Brandgefahr zu bannen, die durch die damals durchwegs vorhandenen *Rauchküchen* immens hoch war. Diese Rauchküchen bildeten im »Haus« genannten Flur den Zentralraum mit dem Herd, dessen Rauch durch einen Rauchfang ins Freie gelangte. Das Einziehen von Brandmauern führte zu dem heute meist anzutreffenden Typus, bei dem das ganze Erdgeschoß, einschließlich dem Stall, gemauert ist. Das Obergeschoß blieb jedoch im Blockbau erhalten. Ebenso behielt der Bergeraum seine *Ständerbauweise*. Er liegt in der Regel wetterseitig und wird mit einem Schindel- oder Ladenmantel geschützt.

Die Anfang bis Mitte des 19. Jahrhunderts erbauten Höfe weisen nicht nur eine Änderung des Baumaterials, sondern auch eine Variation des hinteren Gebäudegrundrisses auf. Stall- und Bergeräume wurden quer zur Firstrichtung verbreitert, so daß aus dem Längshaus ein T-, seltener ein hakenförmiges Gebäude wurde. Das alte flachgeneigte *Legschindeldach* wurde fast durchwegs durch ein steileres Scharschindeldach ersetzt. Dieser Haustyp prägt heute die Hauslandschaft des Flachgaues mit seinen Schwerpunkten um Seekirchen und Obertrum.

Die Mauerung geschah mit großen Steinquadern, die kleinteilig verkeilt wurden. Eine besondere Eigenart des Flachgaues stellen die Schlackenornamente in der unverputzten Mauerung dar. Mit kleinen Schlackenstückchen, die man sich aus der Schmiede holte, und zum Teil auch mit glasierten Tonscherben verzierte man die Mörtelfugen um die Mauersteine und betonte sie dadurch. Später, im Biedermeier, gegen Ende des 19. Jahrhunderts und in Einzelbeispielen bis in die Zeit nach dem 1. Weltkrieg, entwickelten sich aus der Betonung der Mörtelfugen Ornamente in Girlanden- und Rankenform.

Die Blockbauweise – die alte Hausbautechnik der Salzburger Bauernhäuser

In Gegenden, wo Nadelholzwälder überwiegen, ist die Blockbauweise die ursprünglichste Form des Hausbaues. Der Grund dafür dürfte darin liegen, daß es den Rohstoff Holz stets in genügender Menge gab, und daß gerade die Nadelhölzer wie Fichte und Tanne langstämmige, geradewachsende Bäume ausbilden, die gut als Bauholz zu verarbeiten sind. Das Interesse an Nadelholzwäldern läßt sich seit 1300 nachweisen, da man bereits damals durch entsprechende Siedlungs- und Bewirtschaftungsweisen den Nadelholzanteil in den natürlichen Mischwäldern erhöht hat.

Die Technik des Rundholzbaues

Die Verwendung von Rundhölzern ist älter als die von Kanthölzern. Sie ist noch häufig bei den Heustadeln oder Almen anzutreffen, sehr selten auch noch im Wohnhausbau. Die runden Stämme werden kaum zugerichtet; manchmal sind sie nicht einmal von der Rinde befreit, also *ungeschöpst*. Bei der Verwendung von langem Stammholz muß der *Zopf* – so heißt das dünnere Ende des Stammes –, jeweils mit dem dickeren Ende des darüberliegenden Stammes verbunden werden, um zu verhindern, daß die Wand schräg wird.

Wo an den Ecken Balken aus zwei Richtungen zusammentreffen, werden sie ausgekerbt, um einander festzuhalten. Der Abstand der an einer Wand übereinander liegenden Rundhölzer variiert, je nach der Tiefe der Einkerbungen. Macht die Summe der Kerbtiefen an zwei Balken, die sich an der Ecke überkreuzen, jeweils eine ganze Balkendicke aus, so entsteht eine geschlossene Holzwand; wird weniger als diese eine Balkenstärke ausgeschlagen, ergibt sich ein luftiger Rundholzbau. Die luftige Bauweise ist häufig bei Stadeln, wo man einen Luftdurchzug wünscht, um das Lagergut trocken zu halten. Es gibt verschiedene Arten, die Eckverbindungen zu *über-*

kämmen: Bei der luftigen Bauweise werden die Rundbalken oft nur einseitig ausgeschlagen, entweder oben oder unten. Hierbei wird die Stabilität dadurch erreicht, daß im Wechsel jeweils der links und dann der rechts in der Ecke ankommende Balken ausgeschlagen wird. Sollen die Balken dagegen eine geschlossene Wand bilden, so werden normalerweise die Eckverbindungen mit doppelseitigem Ausschlag überkämmt, d. h., jeder Balken wird an seiner Ober- und Unterseite je ein Viertel ausgekerbt.

Beim Rundholzbau läßt man die Stämme an den Ecken immer rund 15 bis 20 cm vorspringen, um ein seitliches Ausbrechen des Stamm-Endes hinter der Auskerbung zu verhindern. Man bezeich-

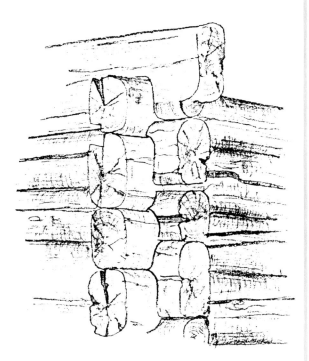

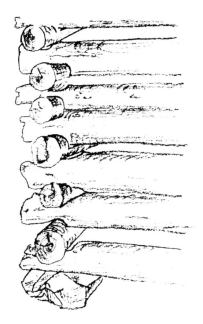

Luftiger Rundholzbau an einem Heustadel im Pinzgau (Abbildung links) und geschlossener Blockbau mit runden, nicht bearbeiteten Waldkanten an einem Stadel im Lungau (oben).

net einen solchen Vorstoß je nach Landschaft als »*Schrotkopf*«, »*Fürkopf*«, »*Wettkopf*«. Der Ausdruck »Wetten«, geht über das gotische »gawidan« = »zusammenbinden«, »verbinden«, auf das urgermanische »wedan« zurück. Kulturhistorisch ist die Ecküberkämmung ein archaisches Erbe und deckt Zusammenhänge mit dem Blockbau im nördlichen und östlichen Europa auf.

Die Technik des Kantholzbaues

Um einen besseren Schutz gegenüber Kälte und Feuchtigkeit zu bekommen, wurden im Bereich des Wohnhauses und auch des Getreidespeichers nicht mehr Rundhölzer, sondern rechtwinklig gehackte Kanthölzer verwendet. Man hat hier nicht mehr die durch natürliche Unregelmäßigkeiten der Stämme gebildeten Ritzen; vielmehr liegen gleichmäßig zugehauene Hölzer aufeinander und bilden eine Isolierung von durchgehender Dicke. Die Balken haben eine durchschnittliche Breite von rund 15 bis 20 cm auf ihrer gesamten Länge. Bleiben an den Kanten Reste der natürlichen

Rundungen erhalten, so spricht man von *Waldkanten*. In der Regel benötigt man für die Wand eines Geschoßes 10 bis 13 waagrechte Stämme. Zur Erhöhung der Wandstabilität werden die Hölzer in mehr oder weniger regelmäßigen Abständen von rund 1,5 m durch Holznägel, sogenannte Dübel, miteinander verbunden. Die Dübel sind etwa 3 cm dick und 15 bis 16 cm lang. Sie werden an den beiden Enden kurz angespitzt. Im luftigen Blockbau sind die Nägel sichtbar, im geschlossenen, also engverfugten Blockbau, dagegen nicht. Manchmal werden auch die Eckver-

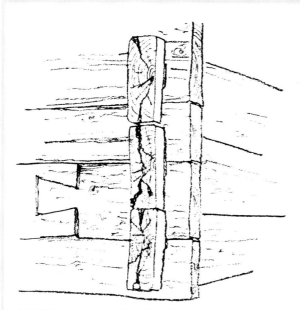

Abbildung oben: Kantholzbau an dem Wohnteil eines Einhofes; ein Balken wurde mit einer Schwalbenschwanzverbindung verlängert (Pinzgau).

bindungen verdübelt, um ein Verdrehen der Balkenköpfe zu verhindern. Der Holzblockbau ist eine schwierige volkstümliche Bauweise und erfordert gute Spezialwerkzeuge. Bei einer handwerklich exakt verarbeiteten, engverfugten Blockwand wird die Auflagefläche eines jeden Balkens ausgeschöpft, um besser mit Moos abdichten zu können. Durch den Druck der darüberliegenden Balken, einschließlich des Daches, entsteht eine bestens abgedichtete Fuge. Neuerdings verwenden die Bauern anstelle des Mooses bei Ausbesserungen und Renovierungen auch modernes Isoliermaterial. Die oberen Balken der Seitenwände kragen bei richtig gezimmertem Kantholzbau konsolenartig vor und dienen den Dachsparren als Auflage.

Die Eckverbindungen wurden im Laufe der Entwicklung zu einer eigenen Kunst verfeinert. Bei einfachen alten Häusern stehen wie bei der Überkämmung im Rundholzbau die Balkenenden als *Schrotköpfe* etwa 15 bis 20 cm vor. Im Gegensatz zur Überkämmung stehen beim *Überblatten*, das auch *Verblatten* oder *Verzinken* genannt wird, die Balkenköpfe nicht mehr vor, sondern sie schließen an den Ecken gleichmäßig ab. Für die Art der Überblattung gibt es verschiedene Möglichkeiten. Der Zierwert spielt hier neben der stabilisierenden Funktion eine große Rolle. Die einfachste Art der Überblattung besteht darin, die untere Hälfte des einen Kantholzendes auszustemmen und es auf das Ende des anderen Kantholzes zu legen, das oberseitig ausgestemmt wurde.

Eine Variante hierzu ist das doppelseitige Ausstemmen der Balkenenden. Um ein Abrutschen bei dieser Art von Überblattung zu verhindern, muß sie durch Dübel gesichert werden. Dies ist nicht nötig, wenn man schräg nach innen ausstemmt. In diesem Fall spricht man von einer Schwalbenschwanzverbindung. Die Schwalbenschwanztechnik hat sich erst im 16. Jahrhundert in Mitteleuropa entwickelt.

Für das Einbinden von Wänden gibt es ebenso wie für die Eckverbindungen, verschiedene Techniken. Die Unterteilung des Wohnhauses in Flur, Küche, Stube und Kammern geschieht durch das Einbinden von Blockwänden in die Außenwand. Im einfachen Blockbau dringen die Zwischenwände als Schrotköpfe oder Wettköpfe durch die Außenwand vor. Eine Verfeinerung der Zimmermannskunst besteht darin, diese Vorstöße wegzunehmen und das Hirnholz der Zwischenwandbalken durch verschiedene Figuren und Initialen in einer dekorativen Symbolik zu gestalten. Das Balkenende wird zugehauen, z. B. auf die Form der Anfangsbuchstaben des Besitzers, die einer Kirche, eines Hauses, einer Axt o. ä. Die Außenwandbalken werden als Negativform hierzu ausgeschlagen und umschließen das Bild. Man nennt diese Art der Wandverzinkung *Malschrot*. auf diese Weise ist die Raumeinteilung eines Blockhauses gut an der Außenwand ablesbar.

Selbstverständlich mußten die Bauern und Zimmerleute auch einmal Balken verlängern. Dies geschah durch Überplattung zweier Balken in Längsrichtung und durch Sicherung mittels eines Holznagels. Bei alten Holzverbindungen war es üblich, ohne Verwendung von Eisennägeln auszukommen, denn die Holznägel konnten mit einer gewissen Fertigkeit meist während der Winterzeit selbst geschnitzt werden, und sie sind in ihrer Leistungsfähigkeit den Eisennägeln ebenbürtig. Häufig übernimmt auch der überstehende geschnitzte Kopf des Holznagels eine beabsichtigte Schmuckfunktion.

Heute ist der Holzblockbau eine aussterbende Bautechnik, nicht nur im alpinen Raum. Bereits Umbauten in der ersten Hälfte dieses Jahrhunderts weisen mindere Bauqualitäten auf, die darin bestehen, daß die Blockstämme nicht mehr gehackt, sondern maschinell geschnitten werden. Abgesehen von dem »toten« Eindruck, den eine solche Blockwand erzeugt, hat das gesägte Holz auch den funktionellen Nachteil, daß seine natürliche Faserstruktur stärker als beim gehackten Holz zerrissen wird, und daß es deshalb rascher verdirbt.

Erklärung der Fachausdrücke

Abgewalmtes Dach
Satteldach mit abgeschrägten Giebelspitzen; vor allem im Lungau.

Ausschöpfung
Konkaves Ausschlagen der Auflagefläche von Kanthölzern in einer Blockwand.

Blockbau
Holzbautechnik, bei der das Haus aus aufeinandergelegten Balkenkränzen gebildet wird, und bei der die Balken an den Ecken auf verschiedene Weise miteinander verbunden sein können.

Brechelbad
Freistehendes kleineres Gebäude, das heizbar ist und zum Dörren von Flachs und Obst sowie als Badestube verwendet wird.

Dillen
Bergeräume, die von der Tenne aus beschickt werden.

Dreiseithof
Hofanlage, bei der Wohn- und Wirtschaftsgebäude in der Regel rechtwinklig auf drei Seiten eines Rechtecks angeordnet sind.

Einhof
Bauernhof, bei dem Wohnteil, Stall und Scheune unter einem Dach hintereinander gebaut sind.

Eßglocke
Kleiner, aus Holz geschnitzter Glockenturm auf dem First; mit einer Glocke, die die auf den Feldern und Wiesen arbeitenden Hausleute zum Essen ruft; vor allem im Pinzgau und Pongau; auch Mittagsglocke oder Glockenturm genannt.

Fürkopf
Vorstehendes Balkenende beim Blockbau; auch Wettkopf, Schrotkopf oder Kopfschrot genannt.

Gadem (Gaden)
Kammer hinter der Stube oder Küche; als Speicher oder Schlafraum genützt.

Gang
Balkon unter dem Giebel; oft laubenartig.

Getreidekasten
Gezimmertes oder gemauertes kleines Gebäude, oft mehrgeschoßig; zur Aufbewahrung der Lebensmittelvorräte.

Girschtenzaun
Dichter Steckenzaun, siehe Zeichnung Seite 19.

Glockentürmchen
Siehe Eßglocke.

Gruppenhof
Gehöftanlage aus mehreren einzelstehenden Haupt- und Nebengebäuden.

Hakenhof
Gehöftanlage, bei der das Wohn- und das Stallgebäude im rechten Winkel L-förmig aneinandergebaut sind.

Hauslandschaft
In einer bestimmten Landschaft hauptsächlich vorkommender Haustypus.

Keusche
Kleines Bauernhaus, Kate; vom slowenischen »kaiza«.

Klingschrot
als Ornament ausgebildeter Kopf eines Zwischenwandbalkens, der in den Außenwandbalken eingebunden ist; auch Malschrot genannt.

Kopfschrot
Siehe Fürkopf; Schrot von althochdeutsch »scrot« = Schnitt, Hieb, abgesägtes Stück.

Laubengang
Balkon; oft mit geschnitzten Laubensäulen.

Legschindeldach
Flaches Dach aus Holzschindeln, die übereinander gelegt sind, und durch daraufliegende Streckhölzer niedergehalten und durch Bruchsteine beschwert werden.

Malschrot
Siehe Klingschrot.

Mittertennhof
Einhof, bei dem der Wohnteil vom Stall durch eine Tenne getrennt ist.

Paarhof
Gehöftanlage, bei der das Wohnhaus vom Wirtschaftsgebäude getrennt ist.

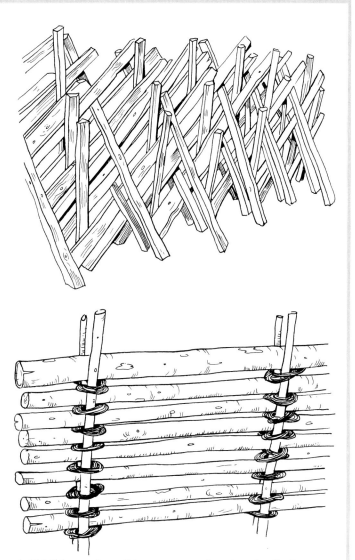

Abbildung rechts: Sechssteckiger Girschtenzaun; in die Stecken werden die Hölzer schräg eingeschichtet, die längsten heißen Girschten, die darüber Beilage (Tennengau). →

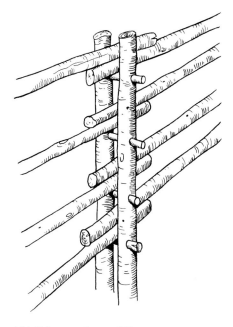

Abbildung oben: Pilotenzaun; waagrechte Stangen liegen auf den Holznägeln, die in den Piloten stecken (Tennengau).

Abbildung oben: Ringzaun; zwei senkrechte Stecken werden durch Fichtenringe miteinander verbunden und mit Stangen eingelegt (Lungau).

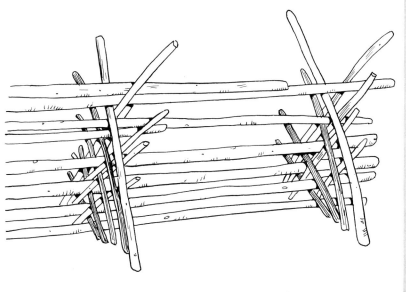

Abbildung rechts: Stangenzaun; in die scherenartig gegeneinander gesetzten Stecken werden lange Stangen gelegt (Lungau). →

Rauchküche
Küche mit offenem Herd, in der – anders als in der Rauchstube – nur gekocht und nicht gewohnt wurde; heute fast nicht mehr anzutreffen.

Ringzaun
Siehe Zeichnung Seite 19.

Scharschindeldach
Dach aus Holzschindeln, die einzeln genagelt werden, so daß auch steilere Dachneigungen möglich sind.

Scherbalkendach
Dachstuhlkonstruktion, bei der die schrägen Dachsparren am oberen Ende scherenartig verbunden sind.

Schließschrot
Eckverbindung im Holzblockbau, bei der die Balkenenden nicht vorstehen.

Schopfdach
An der Giebelseite abgeschrägtes Dach; Viertel- oder Halbwalm.

Schöpsen
Entfernen der Rinde von gefällten Bäumen.

Schrotkopf
Siehe Fürkopf, Kopfschrot.

Schwaige
Sennhütte; vgl. »schwaigen« = Käse bereiten.

Schwalbenschwanz
Eckverbindung oder Verlängerung von Balken im Holzblockbau, bei der das Balkenende trapezförmig ausgestemmt wird.

Söller
Hausflur im Obergeschoß oder auch balkonartiger Laubengang; vom lateinischen »solarium« = Sonnengang.

Ständerbau
Holzbauweise, bei der senkrechte Balken, die »Ständer«, die Wände halten.

T-Hof
Bauernhaus, bei dem der Wirtschaftsteil quer an die Rückwand des Wohnhauses angebaut ist; vor allem im Flachgau.

Tenne
Teil der Scheune, wo auf einem gestampften Boden (bei der ebenerdigen Niedertenne) oder auf einem Bretterboden (bei der Hochtenne über dem Stall) Getreide gedroschen wird.

Traufbart
Eingekerbtes Ende einer hölzernen Dachrinne.

Überblatten
Eckverbindung oder Verlängerung von auf gleicher Höhe liegenden Balken, bei der die Balkenenden waagrecht ausgestemmt werden, so daß die Hölzer ineinander greifen; meist mit einem Dübel gesichert; auch Verblatten oder Verzinken genannt.

Überkämmen
Eckverbindung im Holzblockbau, bei der die Balken, anders als bei der Überblattung, als Fürköpfe über die Verbindung hinaus etwa 15 bis 20 cm weit vorstehen.

Verblatten
Siehe Überblatten.

Verzinken
Siehe Überblatten.

Vierseithof
Gehöftanlage, bei der das Wohnhaus und die Wirtschaftsgebäude als geschlossene viereckige Anlage den Hof umgeben; vor allem im Innviertel.

Vorhaus
Hausflur.

Waldkante
Rest der natürlichen Stammrundung, die beim Zurichten eines Rundholzes zum Kantholz übrig gelassen wird.

Wettkopf
Siehe Fürkopf.

Zopf
Dünneres Ende eines Stammes beim Rundholzbau.

Die geschnitzten Türmchen für die Mittagsglocken sind ein besonderes Merkmal der Pinzgauer Bauernhöfe. Früher riefen die Glocken die Bauersleute zum Essen, wenn sie zur Arbeit auf den umliegenden Feldern waren. Heute gehören die kleinen Türme, oft auch ohne Glocke, zu der architektonischen Tradition.

oben: *Der Glucknhof am Paß Thurn gehört zu den ältesten Anwesen am Sonnberg oberhalb von Mittersill. Erbaut 1622, weist er Tiroler Einflüsse auf und bildet einen Einhof mit Stall und darüberliegender Scheune im Anschluß an den
Wohnteil. Zur Zeit wird der Hof im alten Stil wieder hergerichtet. Im weitläufigen Obstgarten liegen Bienenhaus, Getreidespeicher und Wagenhütte.*

←

links: *Harfenförmige Balkonbretter und gekerbte Säulen zieren die Vorderfront
des Strosserhofes in Hinterwaldberg an der alten Gerlosstraße. Nach Pinzgauer
Art ist die Küche gemauert, die Stube und die oberen Stockwerke sind in Blockbauweise errichtet. 1927 wurde das Wohnhaus umgebaut und vergrößert.*

oben: Der Viellehenhof dürfte nach Aussagen des Bauern einer der ältesten Höfe im oberen Pinzgau sein und geht bis auf das Jahr 1112 zurück. Der Hof duckt sich in das Hanggelände und ist dadurch vor Wind und Wetter geschützt. Pferdestall und Schupfen liegen hinter dem Haus. Nach einem Brand im Jahr 1711 wurde das Wohnhaus in Kantholzblockbau wieder aufgebaut. Für das Dach verwendete man Legschindeln.

→

rechts oben: In der alten Wohnstube des Viellehenhofes gibt es noch den Stubenofen mit einer Sitzbank und einer Schlafmöglichkeit auf dem Ofen. Ein Stubenofen bestand ursprünglich aus mit Flechtwerk verstärktem Lehm, Steinen oder Ziegeln und wies eine halbzylindrische oder halbkugelige Form auf.

→

rechts unten: Die behagliche Stube bildet immer noch ein Zentrum der Geselligkeit. Nur wenig Licht fällt durch die kleinen Fenster.

oben: *Der Hof Edenlehen liegt an der Straße von Wald nach Krimml und zählt ebenfalls zu den ältesten Höfen im oberen Pinzgau. Das alte Haus mit dem Legschindeldach und dem umlaufenden Balkon wird nicht mehr bewohnt und verfällt. Wie bei vielen alten Höfen sind die Besitzer in das neuerrichtete Wohngebäude umgezogen.*

→

rechts oben: *Das schwungvoll ausgesägte Treppengeländer im Geigerbauerhof in Stuhlfelden. Hier wurde die natürliche Krümmung des Holzes belassen.*

→

rechts unten: *Der Sohn des Bauern hat diesen Fichtenstamm mit den als Bankbeinen geeigneten Ästen gefunden und diese einfache Holzbank angefertigt. Leider soll der eindrucksvolle und massiv wirkende Blockbau des Bauernhofes abgetragen werden, da sich die Eckfundamente gesenkt haben.*

oben: *Dieser Hof am Sonnberg, Weißenstein, Gemeinde Mittersill, wurde 1576 gebaut. Dabei handelt es sich um einen Paarhof, der ganz in Blockholzbauweise erhalten ist. Ursprünglich war das Wirtschaftsgebäude vom Wohnhaus getrennt, das einen Seitenflur zum Stall hin hatte. Der Scheunenspeicher kragt weit über den darunterliegenden Stall aus, in der für den Pinzgau typischen Bauweise.*

←

links: *Der Balkon mit dekorativ geschnitzten Brettern. Die Fensterrahmen und Brüstungssäulen weisen typische Biedermeierornamentik auf. Der Kantholzbau ist in den Eckverbindungen in Kopfschrottechnik überkämmt. In dem Weiler Dorf, Gemeinde Bramberg, steht dieser sehr gut erhaltene Hof.*

←

links oben: Das Bachgut liegt in Vorderwaldberg an der alten Gerlosstraße in 1150 m Seehöhe. Es handelt sich um einen Gruppenhof mit neueren Wirtschaftsgebäuden: Schmiede, Machkammer (Schreinerei), Waschküche, Stadl, Stall. Der Balkon wurde vor einigen Jahren renoviert. Bemerkenswert ist auch die Veranda, die wegen dem steil abfallenden Gelände gebaut wurde.

←

links unten: Der Untersöllhof bei Krimml ist eine alte Einhofanlage. Der kleine Gemüse- und Obstgarten wird von der Bäuerin mit viel Liebe betreut.

unten: Der Ort Dorf in der Gemeinde Bramberg zeichnet sich durch ein gut erhaltenes Bauernhofensemble im Ortskern aus. Der Lahnerbauer hat einen gepflegten Gemüsegarten direkt am Haus. Der Hof selbst ist fast 200 Jahre alt.

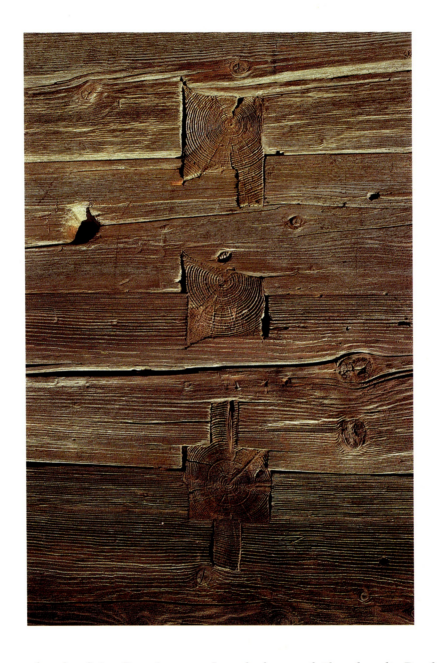

oben und rechte Seite: Das Anwesen Innerhofer war früher das alte Dorfgast-
haus. Das gemauerte Gewölbe im Flur blieb nach einem Brand noch stehen.
Der im Erdgeschoß gemauerte und darüber mit großer Fertigkeit als Blockbau
gezimmerte Wohnteil stammt aus dem Jahr 1848. Der Hof weist Schwalben-
schwanzverzinkung auf und ein schönes Malschrot mit Initialen und Symbolen
wie Axt, Kreuz, Herz und andere.
Die Hofgründung geht auf die Zeit zwischen 1200 und 1300 zurück. Seit dem
13. Jahrhundert besaß der Hof das Schankrecht. Das Stallgebäude wurde später
angebaut (Bild rechts oben).

oben: Die alten Höfe des Pinzgaues mit ihren typischen breiten Fronten unter einem flachen Giebel, den Legschindeldächern und geschnitzten Türmchen stehen meist an den begünstigsten sonnigen Hängen am Rand des Talsaumes. Der Weiler Litzeldorf in der Gemeinde Uttendorf weist eine schöne Höfegruppe auf.

←

links: Das weite Tal der Salzach zwischen Krimml und Taxenbach ist das Zentrum des Oberen und Unteren Pinzgaues. In den oft feuchten Tallagen entlang des Flusses findet man saftige Wiesen und viele Hütten im offenen Rundholzblockbau, in denen das Heu gelagert wird.

oben: Der »Kirchenwirt« in Bucheben im hinteren Rauristal ist etwa 500 Jahre alt. Das Gebäude wurde aus Stein gemauert. Im Nebenhaus wird ein sehr guter Schnaps gebrannt. Das Obst kommt aus der Steiermark, da das Klima hier in 1144 m Höhe zu rauh für den Obstbau ist.
Das benachbarte Anwesen nennt sich Krämerhof und ist 200 Jahre alt. Die Mühle wird heute noch betrieben.

$\rightarrow$

rechts: Auf einem Hügel über der neuen Straße liegen die Kirche und das Pfarrhaus von Bucheben.

←
Bucheben im hinteren Rauristal liegt etwas oberhalb der neue Straße in das Ski-
gebiet Weißsee. Die Höfe befinden sich zum Teil in schlechtem Zustand.
links oben: Charakteristisch der Strohgang auf der Seite des Wirtschaftsgebäu-
des; links unten: Der Blockbau ist überkämmt und steht auf einem Bruchstein-
sockel.

unten: Die Mühle gehört zum Krämerhof in Bucheben.

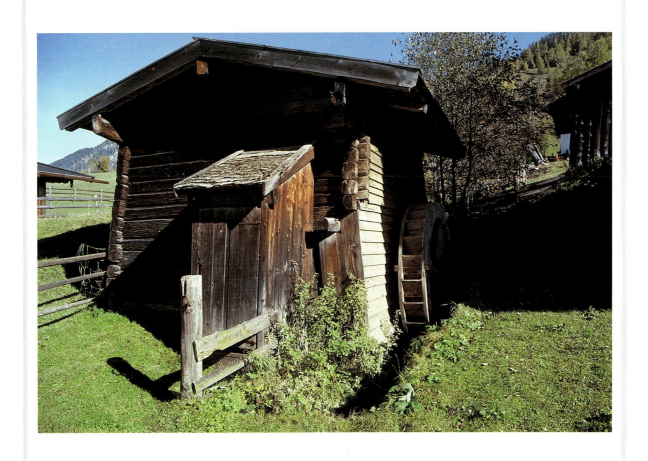

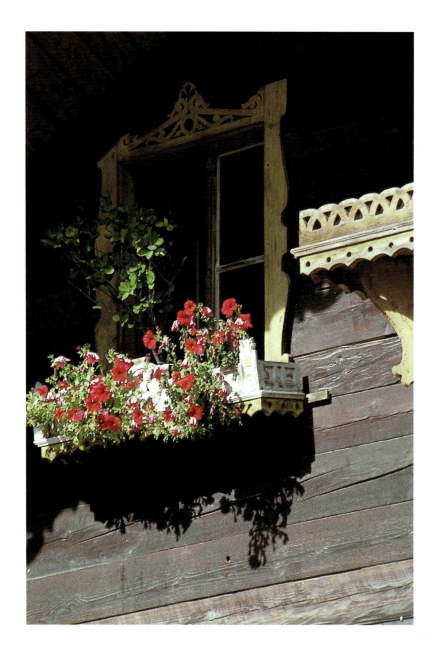

oben: Reich geschmückt mit Blumen und Dekors aus der Biedermeierzeit findet man solche Fenster in Dorf, Gemeinde Bramberg.

→

rechts oben: Der Wiedrechtshauserhof im Stubachtal ist einer der größten und wichtigsten Höfe dieser Gegend. Er wurde kurz nach dem Jahr 1000 gegründet und urkundlich unter dem Namen Dyttrich von Witthausen erwähnt. Der Wirtschaftsteil wurde um 1900 umgebaut, so daß die typische Hofanlage nicht mehr erhalten ist (vgl. S. 44). Neben dem Getreidekasten steht eine kleine Kapelle aus dem Jahr 1722.
unten: Das Gewölbe im Vorhaus blieb im Zuge einer Renovierung des Wohnhauses bestehen.

oben: Silvesterabend im Oberen Pinzgau. Die Höfe liegen auf den südexponier-
ten freien Hanglagen hoch über dem breiten Salzachtal. Zahlreiche Gehölzrei-
hen entlang der quer zum Hang laufenden Wege und der ins Tal fallenden Bäche
gliedern und begrenzen die Wiesen und Weiden.

→

rechte Seite oben: Die Konstruktion ist bei diesem Ständerbau einer Scheune im
Stubachtal klar erkennbar (vgl. Abb. S. 41 oben). Das Heu wird durch Lucken
nach unten in den Stall geworfen.

→

unten: Die Erhaltung der alten Höfe erfordert neben handwerklichem Geschick
viel Geld und Mühe. Das Bild zeigt den Viellehenhof an der alten Gerlosstraße.

oben: Dieser Paarhof liegt am Ausgang des Stubachtals in Scheitern.

←

links oben: Die beiden Abbildungen oben zeigen zwei typische alpine Paarhöfe im Stubachtal, die in ihrer Anordnung erhalten geblieben sind. Links oben: Der Rainerbauerhof ist von der Traufseite her erschlossen. In der Küche sind die Gewölbe noch erhalten, über dem gemauerten Keller und dem Stall liegt der Wohntrakt.

←

links unten: Der Wiedrechtshauserhof (vgl. S. 41) wurde durch neue Wirtschaftsgebäude erweitert.

linke Seite und oben: Der Winter ist für die Bergbauern durchaus keine untätige
Zeit. Der Bauer, nach Tradition auch Handwerker, verrichtet vor allem jetzt
Ausbesserungsarbeiten am Haus.
Das wichtigste Material ist Holz, das im Winter auch geschlagen wird. Früher
wurde von Holznägeln bis zu Ackergeräten alles selbst gemacht. Heute beherr-
schen nur mehr wenige die alten Techniken.
links oben: Den alten Pflug mit Holzschar wollte der Bauer nicht wegwerfen.

oben: Dieser spätbarocke Bauernschrank stammt aus dem Jahre 1782.

←

linke Seite: Der kleine Ort Au bei Lofer hat in seinem Ortskern einige hübsche Einhöfe vorzuweisen, die bayerische Architektureinflüsse zeigen. Die kleine Hütte vor dem Schupfen ist ein schön gezimmertes Bienenhaus.

Der Pongau ist ein altes Streusiedlungsgebiet im Kern des Salzburger Landes. Auf einer »Sonnenterrasse« über dem Salzachtal liegen die Gemeinden Goldegg und St. Veit. oben: Voll gemauerte, massige Höfe wie der »Judenhof« bei Goldegg oder auch das ehemalige Rittergut Groß-Klingberg bei St. Veit (ohne Abb.) waren früher Herrensitze.

→

rechts: An den südlichen Hängen des Schneebergs (1921 m) über St. Veit liegen verstreut alte Bergbauernhöfe. Das Anwesen Viellehen wurde – wie viele andere in der Nachbarschaft – aufgegeben, weil sich die Bewirtschaftung nicht mehr lohnt.

*linke Seite und oben: Am Weg nach Viellehen liegt der Weiler Vorderdorf-Ober-
dorf. Der Giebel des Wohnhauses läuft bei dem alpinen Gruppenhof Vorderdorf firstparallel zum Hang, wie es im Pongau oft anzutreffen ist.
Die Schindelladen an der Wetterseite hat der Großvater noch selbst angefertigt.
Da ein Holzschindeldach heute bedeutend teurer wäre als eines aus Eternit oder
Blech, mußte man bei der Dacherneuerung – wie bei vielen Bergbauernhöfen –
auf eine »billige« Lösung ausweichen.*

oben: *Das Wohnhaus des Großrohrer-Hofes in Goldegg ist in Pongauer Art von der Traufseite her über einen Mittelflur erschlossen. Nur die Küche wurde gemauert, denn hier bestand bei den früher üblichen offenen Feuerstellen ohne Kamin, der »Rauchkuchl«, hohe Brandgefahr.*

← *links: Von Vorderdorf und seinen Nachbarhöfen hat man – auch bei Gewitterstimmung – einen herrlichen Blick über das Salzachtal.*

oben: Die »Sonnenterrasse« von Goldegg und St. Veit ist ein klimatisch begünstigtes altes Siedlungsland. Die Hecken entlang von Bächen oder Grundstücksgrenzen, die Wiesen sowie ein recht hoher Mischwaldanteil geben dem Hügelland einen lieblichen Charakter.

←

links: Das Anwesen Fronlehen über St. Veit ist ein typischer alpiner Gruppenhof, in dem die einzelnen Gebäude dem Gelände entsprechend angeordnet sind. Der Getreidekasten und das Brechelbad, in dem früher Flachs getrocknet wurde, sind noch gut erhalten. Der traufseitige Balkon wird jeden Frühling liebevoll mit vielen Blumen geschmückt.

oben: Die Streusiedlungen am Südhang des Schneebergs liegen meist in Höhen zwischen 800 und 1200 m und reichen vereinzelt bis auf fast 1400 m.

→

rechts: Nicht nur das steile Gelände, sondern auch die eingeschränkte Erreichbarkeit im Winter sind für die Bauern hier oben eine zusätzliche Erschwernis. Viele Höfe werden deshalb aufgegeben, wie auch das Anwesen Hochgschwandt auf 1100 m Höhe. In diesem Haus ist die Küche aus unverputzten Bruchsteinen gemauert.

←

*links: Die beiden höchstgelegenen Höfe am Schneeberg sind Althaus und Kök-
ken in 1350 und 1400 m Höhe. Im Hintergrund sieht man das Hochkönig-Massiv. Das Althaus dient als Ferienwohnung. Das Köckengut darüber ist im Sommer noch teilweise bewirtschaftet: jeden zweiten Tag wird bei den Pferden und
den 90 Stück Jungrindern auf der Alm nach dem Rechten gesehen.*

*unten: Im Speicher vom Köckengut werden noch alte Geräte aufbewahrt; hier
ein Pflug in Form eines Arl. Mit diesem wird der Acker aufgepflügt, ohne daß
dabei die Schollen stürzen, denn die Schar ist symmetrisch.*

oben: Der »Hornschlitten« war im Winter das wichtigste Transportmittel. Mit dem Holzschlitten wurde das geschlagene Holz oder der Wintervorrat an Heu zu Tal gebracht.

←

links: Die »Putzmühle« diente zum Trennen des Korns vom Spreu. Dazu wurde über einen Blasebalg Luft in die Kammer geleitet. Alle Einzelteile der Mühle sind aus Holz, sogar das Zahnrad.

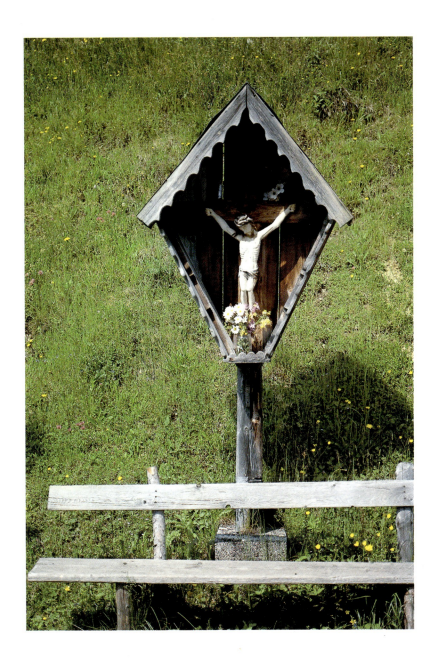

*oben: Dieses Kruzifix hing früher in der Stube das »Huberbauern« am Sonn-
berg von Dienten. Als 1966 eine Straße zu den Berghöfen gebaut wurde – die erste in dieser Gegend – fand es als Feldkreuz hier seinen Platz.*

←

*Alte Scharschindeldächer wurden meist aus dem sehr witterungsbeständigen
Lärchenholz angefertigt. Die Schindeln werden auf Dachlatten genagelt, so daß
auch steilere Dachneigungen als beim Legschindeldach möglich sind. Das obere
Beispiel links stammt aus Kleinhals bei Mühlbach am Hochkönig, das obere aus
Ratzenberg bei St. Veit-Pichl.*

←

links: Im Tal von Dienten am Hochkönig sind noch viele alte Höfe anzutreffen. Die ursprüngliche Form des im Kantholzbau errichteten Hauses zeigt das Ackerer-Anwesen an der Straße nach Lend.

Mehrere Jahrhunderte alt ist der ganz aus Naturstein gemauerte Zachhof oberhalb des Ortskerns, welcher erst vor wenigen Jahren weiß verputzt wurde. Das gotische Steinportal und der Name, der auf die Zehent-Einhebung – also die Steuern in früheren Jahrhunderten – hinweist, sind Zeugnisse für einen alten Herrensitz. Der Hof wurde 1377 erbaut, in der Zeit als der Reichtum der Dientener Gegend auf der Eisenerzgewinnung beruhte.

oben: Die Höfe mit gemauertem Erdgeschoß und Holzblockbau darüber sind jüngeren Datums. Das Hochkönig-Massiv (2941 m) bildet die imposante Kulisse des Dientener Hochtales.

←

links oben: An der Straße von Dienten nach Lend liegt auf sonnigen Hängen die Streusiedlung »Eckhäusl«.

←

links unten: Der Hof »Unterstöckl« ist an der südlichen Ortseinfahrt zu sehen.

unten: Diese Alm hat eine offene Feuerstelle, deren Rauch über das Gebälk abzieht und das Holz geschwärzt hat. Das Butterrührfaß ist noch in Verwendung.

Der Lungau auf der Südseite der Radstädter und Schladminger Tauern, im oberen Murtal und in seinen Seitentälern ist derjenige Teil des Salzburger Landes, der noch am ursprünglichsten erhalten ist.
Die erste Blütezeit dieser Gegend lag im 8. Jahrhundert, als sich die Alpenslawen hier ansiedelten. Sie gerieten jedoch bald unter die Herrschaft der Bajuwaren, und im hohen Mittelalter war der Lungau dem Erzbistum Salzburg zehentpflichtig.

→

rechts: Von Fanningberg aus blickt man auf das weite Tal und den alten Wallfahrtsort Mariapfarr.

oben: *Diese Hütte mit Scherbalkendach findet man im Görriachtal. Die vielen nach Süden offenen Seitentäler prägen das Landschaftsbild der Niederen Tauern.*

←

links: *Das Auergut liegt im hinteren Weißpriachtal. Man erkennt gut den für den Lungauer Hof typischen Viertelwalm oder »Schopf« an der Giebelseite des Gebäudes, sowie das im Vergleich zu den Hofformen anderer Gaue steilere Dach. Diese Eigenheiten, die sich auch in der Steiermark und in Kärnten finden, gehen auf slawische Einflüsse zurück.*

oben: Zum Fuchshof-Anwesen, das eine Einhofanlage ist, gehören ein gemau-
erter Getreidekasten mit farbigen Sgraffitoornamenten und das hölzerne Bad-
haus, das jetzt als Werkzeugkammer dient (linke Seite oben).
links oben und unten: Der Fuchshof in St. Rupert im Weißpriachtal stammt aus
dem frühen 14. Jahrhundert.
Die kleinen höher gesetzten Fenster sind noch Architekturelemente in der Tradi-
tion der slawischen Siedlungsperioden im 8. Jahrhundert. Das Dach ist, wie im
Lungau üblich, mit 140 cm langen Brettern gedeckt. Früher wurden die Brett-
schindeln gekloben. Der Bretterladen unter dem Giebel ist mit Holznägeln
befestigt. Die Regenrinne weist einen eingekerbten Traufbart auf.

←

links: Hinter dem Veitlerhof am Fanningberg steht diese ehemalige Mühle, die jetzt als Holzstadel verwendet wird. Die Dachbretter, die etwa 40 bis 50 Jahre halten, sind hier bereits stark verwittert.

unten: Die Wasserführung und das Wehr gehören zu einer bewirtschafteten Mühle im Görriachtal.

oben und rechts oben: Eine Hochalm und ein Hüttendorf findet man im hinteren Görriachtal. Die Hütten dienen heute weniger der Almwirtschaft. Sie sind vielmehr Wochenendhütten für Bergwanderer geworden. Von hier aus gibt es zahlreiche Touren in die Seenwelt der Schladminger Tauern.

rechts unten: Ein Schweinestall gehört auch zur Alm. →

oben: Der Veitlerhof am Fanningberg geht ins 13. Jahrhundert zurück. Er ist seit 1609 Erbhof, also nachweislich im Besitz einer Familie. Früher war er völlig aus Holz erbaut. Seit dem Jahr 1800 wurde das Wohnhaus Stück für Stück gemauert. In der Küche ist das Gewölbe noch erhalten.

←

links: Die Scheunenauffahrt vieler Lungauer Höfe liegt an der Rückseite der Wirtschaftsgebäude, wie hier bei den Höfen am Fanningberg. Oft sind die Auffahrten durch ein tief heruntergezogenes Dach geschützt.

←

links oben: Die Dachgefüge, die große Spannweiten aufweisen, sind von einem Stuhl unterstellt. Die Dachbalken überkreuzen sich scherenartig und bilden das im Lungau übliche Scherbalkendach.

links unten und rechts oben: Der Ort Wölting zwischen Mariapfarr und Tamsweg hat einige hübsche Einzelheiten aufzuweisen, wie diese Giebelverkleidungen mit ornamental geschnitzten Luftöffnungen oder die Sonnenuhr mit Madonna beim Ludlbauer.

linke Seite und oben: Lintsching, der Nachbarort von Mariapfarr, hat in der Ortsmitte ein hübsches Höfeensemble bewahrt. Darunter sind Ein- und Paarhöfe. Der Söller mit reichem Blumenschmuck (links unten) und Reste von Biedermeierverzierungen im Putz des Erdgeschosses (oben) zeigen noch Romantik. Der Ausdruck »Söller« stammt vom lateinischen Wort »Solarium« und bedeutet Sonnengang. Ein Söller wird auch als »Laubengang« bezeichnet.

links oben und rechts oben: In Seitling unterhalb von Fanningberg stehen einige alte Höfe und auch einige, die erst vor wenigen Jahrzehnten im alten Stil errichtet wurden.

←

links unten: Einer der traditionsreichsten Höfe des Lungau ist der Suppanhof in Pichl. Das Anwesen, zu dem auch ein Kapelle gehört, wurde umgebaut. Es geht aber auf slowenische Ursprünge zurück. Die Bezeichnung »Suppan« für den Bürgermeister ist noch heute im slowenischen Sprachraum gebräuchlich.

←

*oben: Neben den gezimmerten zweigeschossigen Getreidekästen sind im Lun-
gau die gemauerten weit verbreitet. Durch ihre Bemalung mit schwarz-weißen
oder bunten Ornamenten vor allem an den Ecken, sind sie ein Zeugnis hoher
Volkskunst. Sie gehen auf die Technik und Ästhetik der Renaissance und Barockzeit zurück. Der obige Getreidespeicher steht in Zankwarn bei Mariapfarr.*

←

*links oben: Bei dem in 1250 m Höhe gelegenen Bauerngarten am Fanningberg
ist das Gemüse im September bereits abgeerntet. Hinter dem Zaun ist der noch
intakte Backofen zu sehen.*
*links unten: Das Seiftergut in St. Andrä ist seit 1438 urkundlich erwähnt. Hier im
Tal auf 1040 m blühen noch die Sommerblumen.*

←

links: Die Bischofsmütze (2450 m) der »Salzburger Dolomiten« beherrscht den Astauwinkel im Tennengau. Im Faslhof richteten die Evangelischen zur Zeit der Reformation einen »Tempel« ein, bis sie durch den heiligen Rupert, Bischof von Salzburg, vertrieben wurden. Der Faslhof ist ein Einhof mit einer von der Bergseite zugänglichen Hochtenne.

unten: Der zweigeschossige Getreidekasten mit Bretterläden befindet sich im Gemeindegebiet von Abtenau. Unter der Treppe ist ein Sensenamboß zum Dengeln.

oben: *Bis in die Höhe von 2431 m reicht das Raucheck im Kalkstock des Tennengebirges, der diesen Gau beherrscht und mit ihm den Namen teilt. Der Mühlbachhof (vgl. Abb. S. 113) der Gemeinde Pfarrwerfen beeindruckt durch seinen weitläufigen Obstgarten und seine Nebengebäude.*

$\rightarrow$

rechts: *Nach Osten trennt der Gosaukamm den Tennengau von der Steiermark. Auf den Almen wird infolge des Milchüberschusses nur noch wenig Milchvieh gehalten. Dafür gibt es viele junge Bullen, die als Fleischvieh gezüchtet werden.*

oben: In dem Überhängekessel, der mit dem Galgen hochgezogen werden kann, werden Käse und »Schotten« gemacht. Der Schotten entspricht dem Topfen. Als »Süßschotten« ist er sofort genießbar. Der »Sauerschotten« ist wie saurer Quark. Hinter dem Kessel steht eine Schottenwiege zum Trocknen des Schotten. Eine junge Sennerin bewirtschaftet alleine die Alm.

→

rechts: Das Brot wird selbst gebacken. Der Käsekeller, der in den Hang gegraben wurde, hat eine gleichmäßige Temperatur und Feuchtigkeit, wie sie der Süßkäse für die zweimonatige Reifezeit braucht.

←

linke Seite und oben: Das Anwesen »Lengfeldbauer« oberhalb von Annaberg, Ortsteil Steuer, weist am Giebel die Jahreszahl 1577 auf. Es ist ein Paarhof mit Wohnhaus und Stall für die Kühe. Der Roßstall war früher, wie im Tennengau üblich, im hinteren Teil des Wohnhauses. Er hatte Zugang zu dem in der Mitte des Hauses liegenden Flur. In der Küche ist das Gewölbe der ehemaligen Rauchküche noch erhalten. Der Leiterwagen für die Kinder wurde vom Bauer selbst angefertigt.

→

rechts: Zu den Nebengebäuden des gepflegten, mit vielen Blumen geschmückten Lengfeld-Paarhofes gehören ein Brechelbad und ein Bienenhaus. Im Nebenhaus gibt es noch eine Hausmühle. Im geheizten Brechelbad wurde früher Flachs getrocknet, Obst gedörrt oder ein Dampfbad genommen.

unten: Auf dem Lengfeldhof beherrscht der Großvater noch die Kunst des sechssteckigen Girschtenzaunes. Regelmäßig im Frühjahr muß der Zaun, sofern er sich durch die Frostbewegung des Bodens gelockert hat oder angefault ist, neu hergerichtet werden. Die in den Boden getriebenen Hölzer heißen Stecken. Die zuunterst liegenden längsten sind die »Girschten«, darüber wird schräg zwischen die Stecken die »Beilage« geschichtet.

→

*rechts: Am Fuß der Dachsteingruppe im hinteren Naubachtal bei Lungötz ste-
hen einige im alten Zustand erhaltene Höfe. Die Balken der Innenwände durchdringen als Kopfschrot die Außenwand des Blockbaues und machen so die
Raumeinteilung sichtbar. Vor der Haustür ist ein Gatter, das »Haustürl«, ange-
bracht.*

*unten: Zur traditionellen Inneneinrichtung, die beim Lengfeld-Bauern vorzu-
finden ist, gehört auch noch ein Spinnrad. Eine umlaufende Sitzbank an der
Stubenwand war früher üblich.*

Der Hinterhof und der Spieshof sind die beiden ältesten Paarhöfe im hinteren Lammertal, das vom Fritzerkogel, Liftenegg und den Edelweißspitzen beherrscht wird. Hier fällt von November bis Anfang Februar kein Sonnenstrahl auf die Häuser.

links oben: Der Hinterhof wird bereits ab 1534 erwähnt. Das alte Anwesen war ein Gruppenhof mit zwei Scheunen, von denen eine vor wenigen Jahren abgebrannt ist. Im Garten steht noch ein alter Backofen.

links unten: Auch das Wirtschaftsgebäude des Spieshofes ist im Blockbau errichtet und mit Legschindeln gedeckt.

oben: Das Wirtschaftsgebäude des Hinterhofes ist mit mächtigen Kantholzstämmen aufgebaut.

oben: Der rund 400 Jahre alte »Arlerhof« in Abtenau wurde in den letzten Jahren als Heimatmuseum und Denkmalhof renoviert. Seine Stube und die Kammern sind sachgerecht eingerichtet und geben einen Eindruck von der alten Lebensweise der Bauern. Ebensogut hergerichtet sind die Nebengebäude: Stall, Bienenhaus, Getreidekasten und die alte Mühle. Die umliegenden Wiesen sind mit Steckenzaun und Pilotenzaun eingefriedet.

→

rechts: In Annaberg ist ebenfalls ein Paarhof als Heimatmuseum hergerichtet worden. Der »Gererhof« bleibt auf diese Weise der Öffentlichkeit in seiner ursprünglichen Form erhalten. Bemerkenswert ist die Sammlung zahlreicher bäuerlicher Gerätschaften und Werkzeuge.

Im Hinterlindenthal steht dieser schöne Paarhof. Leider trennt die mittlerweile stark befahrene Bundesstraße von Abtenau nach Lungötz das Wohnhaus vom Wirtschaftsgebäude.
unten: Am Wohnhaus fällt der im Bundwerk gezimmerte Balkon ins Auge.
$\rightarrow$

rechts oben: Der Seiteneingang mit dem Rundbogen führt zum Pferdestall im hinteren Teil des Wohnhauses.
rechts unten: Zum Hof gehören noch ein doppelstöckiger Getreidekasten, ein kleines Waschhaus und ein reizvoller Blumengarten (vgl. S. 109). Im Wirtschaftsgebäude liegt über dem Stall die Scheune.

oben und rechts oben: Das Legschindeldach ist auf den Wirtschaftsgebäuden noch häufig anzutreffen. Bruchsteine werden zur Beschwerung auf die geklobenen Schindeln gelegt. Eine Holzplatte verhindert das Abrutschen der Steine. Diese Art der Eindeckung ist nur bei flachgeneigten Dächern möglich.

$\rightarrow$

rechts unten: Dieser Blumengarten mit Phlox unter einem Kirschbaum gehört zum Bachlerhof in Hinterlindentahl (vgl. S. 106 und 107).

oben: Der Getreidekasten auf dem Mühlbachhof (vgl. S. 113) stammt aus dem 18. Jahrhundert. Er ist im Erdgeschoß aus Kalkbruchsteinen gemauert und beherbergt eine Mühle. Das unter dem vorspringenden Dach befestigte Gestell dient zum Schlachten der Tiere.

←

links: Schrotköpfe durchdringen diese große Blockwand aus mächtigen, zum Teil bereits andernorts verwendeten Holzbalken. Ein alter Holzschlitten wird daran aufgehängt.

Der Mühlbachhof im Gemeindegebiet von Pfarrwerfen liegt neben der Straße nach Werfenweng. Er ist ein alter Gruppenhof. Oben: Im ausgedehnten Obstgarten stehen Birnen-, Äpfel- und Zwetschgenbäume und Holundersträucher. Hier wurde auch ein Forellenteich neu angelegt.

→

rechts oben: Von dem geräumigen Vorhaus tritt man in eine große Stube, deren alter Blockbau ummauert wurde.

→

rechts unten: Der Stall soll aufgrund seines schlechten Zustandes abgerissen werden. In ihm waren früher die Pferde untergebracht.

Typische Eingangstüren zweier Höfe im Tennengau.

links oben und oben: Eine schöne Türe hat das Erbengut in St. Koloman. Der eindrucksvolle Birnbaum wertet den Eingang zusätzlich auf. Sitzbänke und ein Tisch vor dem nach Süden gewandten Haus sind unverzichtbar.

←

links unten: Im Faslhof im Astauwinkel ist noch das charakteristische »Haustürl« erhalten. Es erlaubt, im Sommer die schwere Holztüre offenzuhalten und für eine Durchlüftung zu sorgen, ohne daß Hühner und andere Tiere in das Vorhaus kommen, und kleine Kinder nicht davonlaufen können.

oben: In Halberstätten, Gemeinde Seekirchen, findet man ein dörfliches Ensemble von Widerkehrhöfen, die um einen Anger gruppiert sind. Der Veitlhof wurde um 1845 erbaut und schmückt sich mit schönen dekorativ geschnitzten Pfettenbrettchen, Balkon- und Firstbrettern sowie gekerbten Pfettenköpfen.

→

rechts oben: Der »Auwirt« aus dem Jahr 1890 war früher ein Gasthaus. Er liegt in der Gemeinde Obertrum. Die typische Widerkehr der im 19. Jahrhundert gegründeten Flachgauer Höfe ist deutlich zu erkennen; ebenso der wetterseitige Bergeraum, der mit einem Schindelladen geschützt ist.

rechts unten: Der Illinghof in Elixhausen, umgebaut 1880, ist von einem dicht geschlossenen Birnbaumspalier umgeben. Ehemals war er ein Einhof.

oben und rechts: *In der Nachbarschaft des Tauchnerhofes, Gemeinde Mattsee, steht dieses kleine Zuhaus mit den dekorativen Schlackenornamenten. Diese Verzierungen des Putzes aus Glasbruchstücken und Kohlenschlacke ist eine Besonderheit im Raum Seekirchen, Obertrum.*

←

links: *In Bayerham, Gemeinde Seekirchen, liegt über einem leichten Hang eine Reihe von Einhöfen, die sich mit hübschen Steinportalen aus der Biedermeierzeit schmücken. Spalierbäume und Sträucher zieren zudem die Vorderfassaden der Höfe.*

$\rightarrow$

oben und rechts: Dieses Biedermeier-Steinportal in Halberstätten bei Seekirchen gehört zu einem Hof mit dekorativer Schlackenornamentik.

Auf der Kuppe eines »Drumlins« – wie man die Grundmoränenhügel im Voral-penland nennt – liegt westlich der Straße von Obertrum nach Seekirchen die Hö-fegruppe Bauerneckgut und Moosgut. Der Mittelflurhof Bauerneck, rechts im Bild, wurde 1580 gegründet.

Das Hofergut gehört zum Ortsteil Mitterhof der Gemeinde Mattsee. Der Hof wurde 1976/77 renoviert. Die Fassade wurde erhalten, und die Fenster im oberen Stockwerk wurden nach altem Muster neu eingebaut. Die Stockwerke wurden gehoben.

Die gezimmerte Wand, der Hausrat, Blumen und ein selbstgemachtes »Almge-steck« – alles ist auch Zierde für den bäuerlichen Innenraum.